¿Comen hierba los tigres?

Las cadenas y redes alimenticias

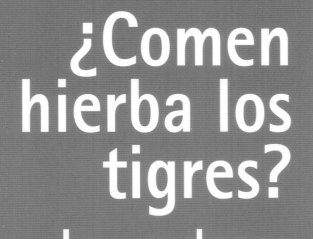

Autora: **Hyeon-Jeong An**
Ilustradora: **Se-Yeon Jeong**
Editor: **Gil-Won Kim**

Altea

Las plantas se alimentan de luz solar.

El tigre no come plantas.

Las plantas no son la comida del tigre.

Las plantas son la comida del saltamontes.
El saltamontes busca y come plantas frescas.

4

Un tigre tampoco come saltamontes.

El saltamontes es muy pequeño; no tiene nutrientes para el tigre.

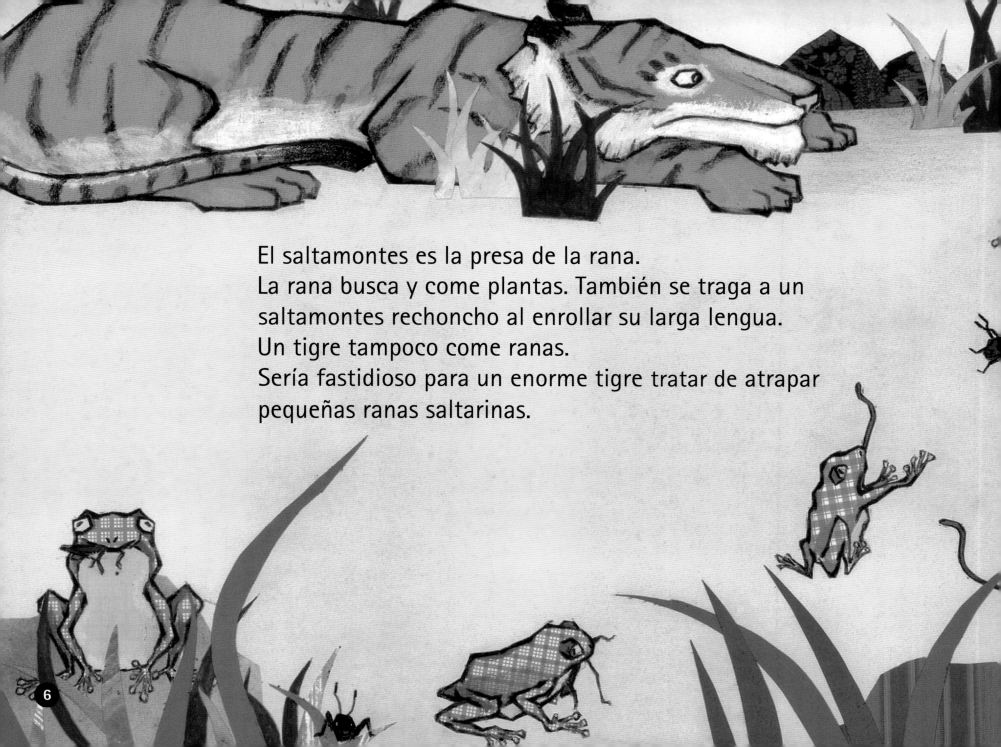

El saltamontes es la presa de la rana.
La rana busca y come plantas. También se traga a un saltamontes rechoncho al enrollar su larga lengua.
Un tigre tampoco come ranas.
Sería fastidioso para un enorme tigre tratar de atrapar pequeñas ranas saltarinas.

Una rana es la presa de una cigüeña. La cigüeña se traga
a la rana de vientre gordo con su largo pico.
Un tigre tampoco come cigüeñas. No si tiene mucha hambre...
¿Y si la cigüeña vuela? El esfuerzo sería en vano.

La cigüeña es la presa del veloz zorro.

El zorro atrapa a la cigüeña por el cuello.

Entonces, ¿el tigre se comerá al zorro?

12

Al tigre le gusta mucho el zorro, porque el zorro tiene en el interior de su cuerpo muchos nutrientes que ayudan al tigre a alimentar su enorme cuerpo.

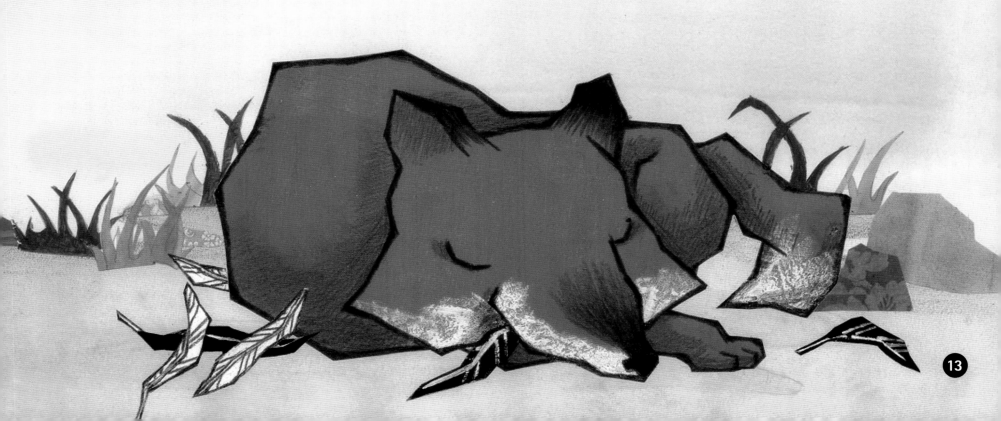

Al fin, el tigre está satisfecho.
El saltamontes se come la planta,
la rana se come al saltamontes,
la cigüeña se come a la rana.
El zorro se come a la cigüeña,
el tigre se come al zorro...

Pero ¿quién se comerá al tigre?

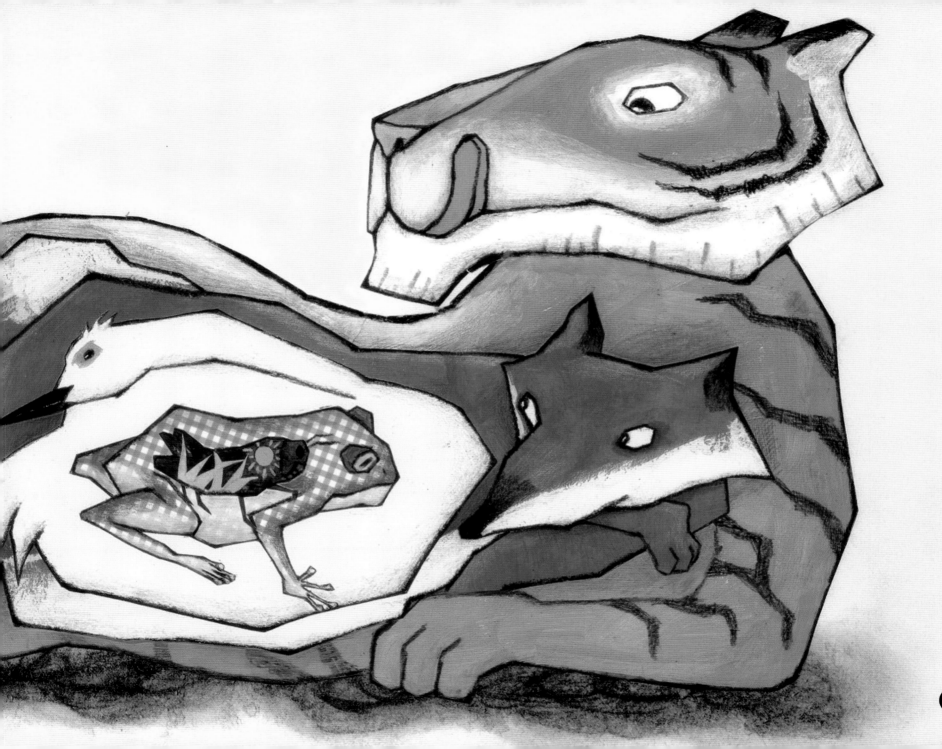

Ningún animal se come al tigre.
El tigre recorre los bosques oscuros hasta que envejece y se cansa.
Entonces se echa y cierra los ojos.

Cuando el tigre muere, pequeños insectos y gérmenes
rodean su cuerpo muerto, comparten la carne y la deshacen.

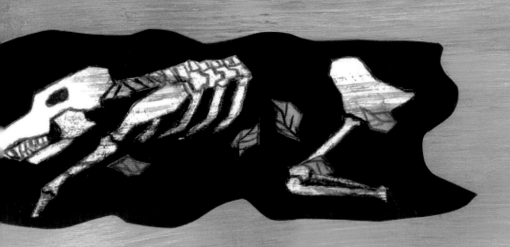

El cuerpo del tigre, despedazado, se queda en la tierra.

Se convierte en nutrientes para la tierra.
Las plantas usan estos nutrientes para crecer sanas.

La energía solar se transforma en varios nutrientes, y esta
energía se transfiere de las plantas a los herbívoros
(animales que comen plantas).

De los herbívoros, la energía pasa a los carnívoros (animales que comen carne),
de los carnívoros a la tierra y de la tierra de nuevo a las plantas.
La energía solar recorre así la cadena alimenticia.

saltamontes

rana

cigüeña

planta

En últimas, el tigre puede comer plantas
y la planta puede comerse al tigre.
Esta clase de relación de "comer
o ser comido" se llama *cadena alimenticia*,
porque se da en una hilera,
como una cadena. Sin embargo...

tierra,
microorganismos

zorro

tigre

19

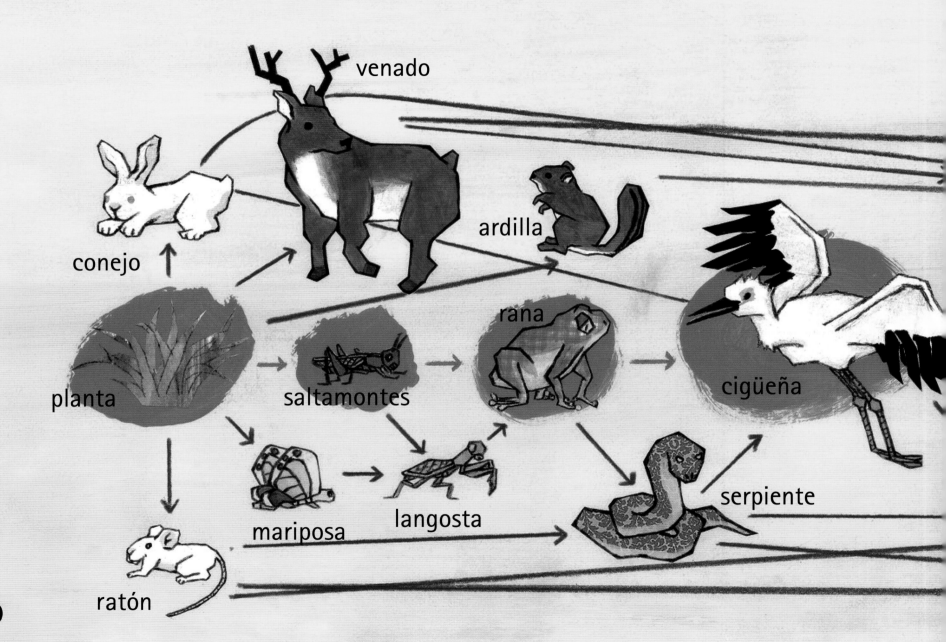

venado

conejo

ardilla

rana

planta

saltamontes

cigüeña

mariposa

langosta

serpiente

ratón

Sin embargo, tal relación entre los organismos vivos no siempre parece una cadena.

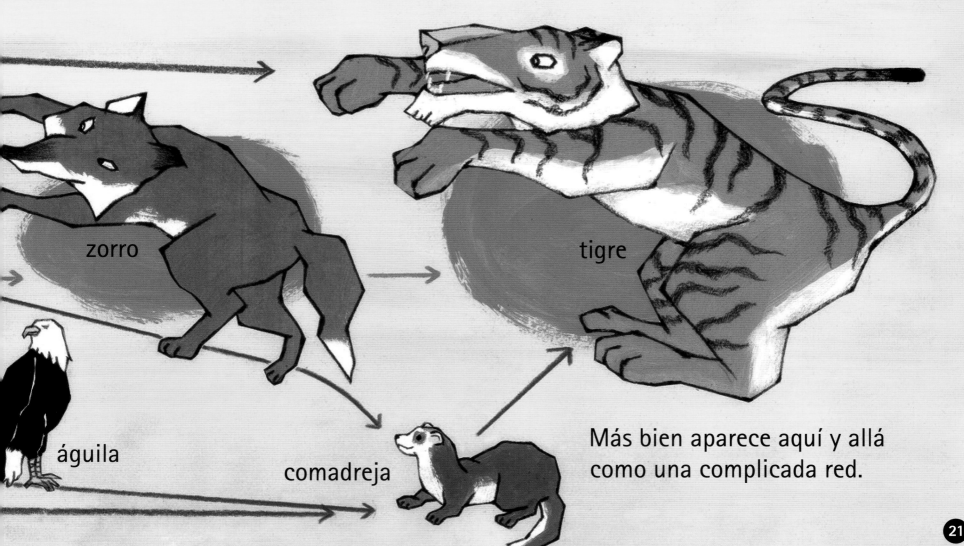

zorro

tigre

águila

comadreja

Más bien aparece aquí y allá como una complicada red.

¿Qué sucede si ningún animal se come al tigre? ¿El tigre sería el único animal que quedaría en los bosques?

No te preocupes por eso. La cantidad de zorros, conejos y venados sobrepasa a la de los tigres, incluso si los tigres se los comen cada vez que pueden.

La cadena alimenticia tiene la forma de una pirámide, por eso se llama también *pirámide alimenticia*.

Cuanto más alto llegan, más pequeño se vuelve el número de los animales.

El quinto consumidor:
tigre, león, leopardo, etc.

El cuarto consumidor:
zorro, lobo, halcón,
águila, etc.

Del saltamontes al tigre
Los animales no pueden
producir sus propios nutrientes; se
mantienen con vida gracias a que
comen alimentos producidos por
otros organismos. Por este motivo
se les llama *consumidores.*

Plantas
Las plantas
elaboran algunos
nutrientes con la
energía solar. Por
eso se les llama
productoras,
porque producen
nutrientes por sí
solas.

El tercer consumidor:
cigüeña, búho,
serpiente, etc.

El segundo consumidor:
rana, araña,
langosta, lagartija, etc.

**El consumidor
primario:**
saltamontes,
mariposa, abeja,
gusano, etc.

¿Y si el tigre se extinguiera de la Tierra?

Cuando desaparezcan todos los tigres,
habrá muchos zorros. La abundancia de
zorros causará la extinción de las cigüeñas.
Cuando desaparezcan las cigüeñas, las ranas
dominarán la Tierra.
Cuando haya muchas ranas, el saltamontes...

**Así, si este ciclo continuara, ningún
animal podría sobrevivir al final.**

Las cadenas alimenticias
se vinculan entre sí. En
caso de que un organismo
se extinga de pronto y
la cadena alimenticia se
interrumpa, otros animales
no podrán asegurar su presa. Esto
generaría un gran caos en el ecosistema,
del tigre al zorro, a la cigüeña, a la rana,
al saltamontes y finalmente a las
plantas...

Una cadena alimenticia basada en la relación de "comer o ser comido" es una manera especial de compartir los nutrientes entre organismos. Así se ayudan todos los organismos vivos.

Nota del profesor
¿Comen hierba los tigres? Las cadenas y redes alimenticias

Gil-Won Kim (Universidad de Seúl, profesor de Ciencias de la Vida)

La relación que conecta a los organismos por su fuente de alimento se llama *cadena alimenticia*.

El tigre caza al zorro, el zorro a la cigüeña, la cigüeña a la rana, la rana caza al saltamontes. El saltamontes se come la hierba.

La rana es el enemigo natural del saltamontes. La cigüeña y la serpiente son enemigos naturales de la rana y el tigre es un enemigo natural del zorro. Muchos animales atacan a otros animales para alimentarse. A los que atacan se les llama enemigos naturales de los otros. La relación de "comer y ser comidos" que existe entre estos animales es muy importante para mantener un equilibrio adecuado de su ecosistema.

Para que una criatura crezca, se mantenga con vida y se reproduzca, necesita nutrientes. Para adquirir estos nutrientes los animales necesitan comer plantas y otros animales.

En el caso de las plantas es diferente. Las plantas verdes absorben la energía solar y elaboran nutrientes usando sustancias inorgánicas como el agua y el bióxido de carbono. Este proceso se llama *fotosíntesis*. Por medio de la fotosíntesis las plantas pueden elaborar sus propios nutrientes sin tener que tomarlos de otros organismos, por ello se les llama *productoras*. Los animales consumen estos nutrientes cuando se comen las plantas. A los organismos que viven de tomar los nutrientes de las productoras o de otros animales se les llama *consumidores*. Además, en el ecosistema hay microorganismos que toman su energía y los nutrientes que requieren de excrementos y de animales muertos. Estos microorganismos transforman los nutrientes de modo que puedan ser utilizados por las plantas y juegan un papel importante para convertir la tierra en terreno fértil. Por eso los llamamos *descomponedores*.

La energía solar fluye en forma de nutrientes de las plantas al saltamontes, a los animales herbívoros como el venado y la vaca. Va de los animales que se alimentan de hierbas a los animales que se alimentan de carne de estos, a los microorganismos que son descomponedores y luego regresa a las plantas. Así se da la circulación de la energía.

La relación de los organismos basada en "comer y ser comidos" no ocurre siempre en línea recta como si fuera una cadena. La rana y la cigüeña también pueden llegar a ser presas del tigre de vez en cuando. La relación de "comer y ser comido" entre dos organismos se conecta con otras como en una telaraña o red. Para referirnos a estas conexiones usamos el término *red alimenticia* en vez de cadena alimenticia.

Si el número de enemigos naturales se vuelve muy grande, la cantidad de animales que estos se pueden comer disminuye rápidamente. Si el número de animales comestibles decrece, la cantidad de animales que viven de comerlos, a su vez, disminuye. En la cadena alimenticia no hay animal que cace al tigre. Si el tigre no tiene un enemigo natural podríamos suponer que tendría que haber más tigres, pero en realidad no hay muchos. ¿Por qué? Porque por mucho tiempo los seres humanos cazaron a los tigres por su carne y su piel, así como para elaborar medicamentos. También se debe a que ya no hay tantos zorros, cerdos y venados que le sirvan de presa al tigre como antes.

La relación de los organismos basada en "comer y ser comidos" es un fenómeno natural. Un ecosistema se mantiene sano gracias a las cadenas alimenticias.

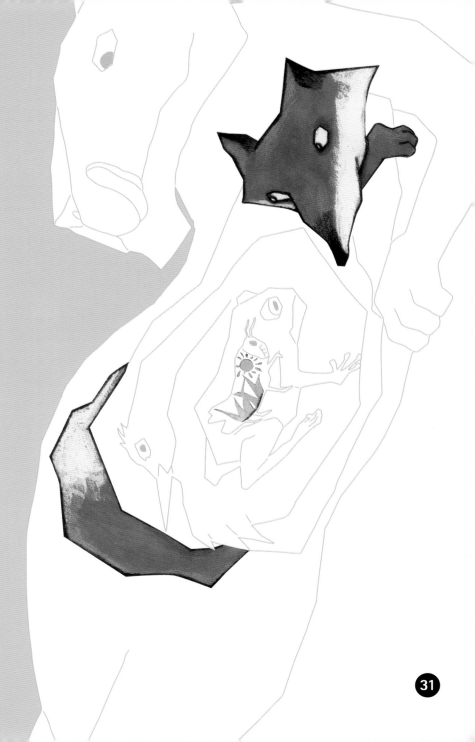

La autora, **Hyeon-Jeong Ahn**, tiene una maestría en Literatura Coreana y recibió un premio en el primer certamen Ock Rang. Escribe piezas teatrales y musicales, así como poemas y cuentos para niños. Entre sus libros se encuentran: *The Dark Child and The Bright Child, Cactus, Christmas Carol, The Hunchback of Notre Dame*, entre otros.

La ilustradora, **Se-Yeon Jeong**, recibió una maestría en Dibujo Oriental de la Universidad Femenina Ewha. Empezó a trabajar como ilustradora después de ganar un premio en el certamen de Editores de Arte. Entre sus libros están: *Became an Older Brother, Adventures of Tom Sawyer* y *Little Prince*.

El editor, **Gil-Won Kim**, se graduó de maestría en Biología Animal en la Universidad Hankuk Kyowon y se doctoró en Conducta Animal en la Universidad de Nancy en Francia. Ha trabajado como investigador en la Universidad de Wisconsin. Actualmente enseña Ciencias de la Vida en la Universidad Nacional de Seúl como profesor Brain Korea (eminencia de Corea). Ha escrito libros como *Nursing Baby Animals, How Do Animals Build Their Homes?* y *Migration of Animals.*

Altea

¿Comen hierba los tigres? Las cadenas y redes alimenticias | ISBN: 978-088-272-131-6

Título original: *Do Tigers Eat Grass?* | D. R. © Yeowon Media, 2006 | De la primera edición en español: D.R. © Santillana Ediciones Generales, S.A. de C.V., 2012, Av. Universidad 767, Col. Del Valle, México, D.F. | Coordinación editorial: Gerardo Mendiola | Traducción y formación: Alquimia Ediciones, S.A. de C.V. | Cuidado de la edición: William Dietzel y Gerardo Mendiola

Altea es un sello editorial del Grupo Santillana

De esta edición: D.R. © Santillana USA Publishing Company, Inc., 2013.
2023 NW 84th Ave., Doral, FL 33122

Impreso por Nupress of Miami, Inc.   15 14 13   1 2 3 4 5

www.santillanausa.com